全球首个唯一系统化磁吸式中文学习教学游戏

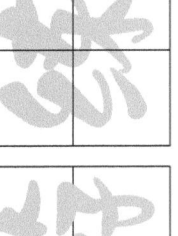
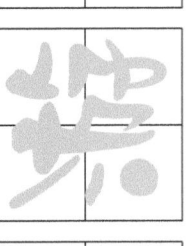
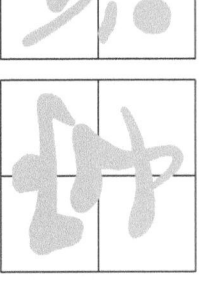

magictype® Lernspiel | 第四阶

Übungsheft 4 | 阶

题卡特点

图片汉字配对　古诗词　小故事　谜语　接龙　自检

Dieses Übungsheft ermöglicht es Ihnen, zusammen mit den magictype® Lernspiel (www.magictype. de), die am häufigsten verwendeten chinesischen Schriftzeichen lesen zu lernen. Auf jeder Seite finden Sie am unteren Rand die Lösungshilfe zu den jeweiligen Aufgaben. Wir hoffen, dass Sie viel Spaß und Erfolg beim Erlernen der chinesischen Schriftsprache haben.

This exercise book is designed to be used in conjunction with the magictype® game (www.magictype.de). It will allow you to learn the most often used Chinese characters. The solution to each exercise is printed at the bottom of the page. We wish you all success in your endeavor to master the Chinese language.

Autoren: heidelite GmbH

Illustrationen: Meiqiao Fang; Shuo Gao; Yueming Yuan

Designkonzept: Tianjin Long Yan advertising co., LTD

Lektorat: Qian Otto

Herausgeber: Qian Otto

Kontakt: mail@magictype.de

https: //www.magictype.de

copyright: FEA Lernspiele UG

heidelite GmbH

借鉴众多名德国教具思路，字游练习册，将以各种各样的有趣形式，涵括方方面面的主题，从低阶的简单图片汉字配对，同义反义词配对到高阶的古诗词、故事、谜语、接龙等等，通过各种形式的小游戏，让学习者们在各种活学语境下有乐趣的活用每一盒的每一个汉字。

练习册的每张题卡都带有自检功能，在让学习者做完练习之后，可以对照答案自己检查。

配合字游的这套练习册一定对学习中文的朋友，从学习汉字入门到自主阅读是一个绝佳的辅助工具书。我们也特别建议小朋友利用字游和字游练习册学习中文时，家长能够积极参与，引导和协助孩子，启发孩子学习中文的方法。

在愉快的气氛中，促使小朋友大大提高学习中文的兴趣。

Bibliografische Information der Deutschen Nationalbibliothek: Die Deutsche Nationalbibliothek verzeichnet diese Publikation in der Deutschen Nationalbibliografie; detaillierte bibliografische Daten sind im Internet über dnb.dnb.de abrufbar.

© 2019 FEA Lernspiele UG

Herstellung und Verlag: BoD – Books on Demand, Norderstedt

ISBN: 9783750427921

FEA Lernspiele UG

请从字盒里找出下列位置的汉字

● 3-6	● 4-1	● 4-13	● 6-7	● 7-9
虎	颈	鹿	狮	象

按下图，请将字块填入合适的方框中。你知道它们吃什么吗？

子

大

老

长

FEA Lernspiele UG

请从字盒里找出下列位置的汉字

| 2-7 朵 | 4-3 颗 | 4-5 棵 | 8-5 张 | 8-8 纸 |

按下图，请将字块填入合适的方框中。

星 一 角 五 花 树

一 一 一

请从字盒里找出下列位置的汉字

| 1-11 船 | 1-12 串 | 1-13 窗 | 4-6 笼 | 6-6 扇 |

按下图，请将字块填入合适的方框中。

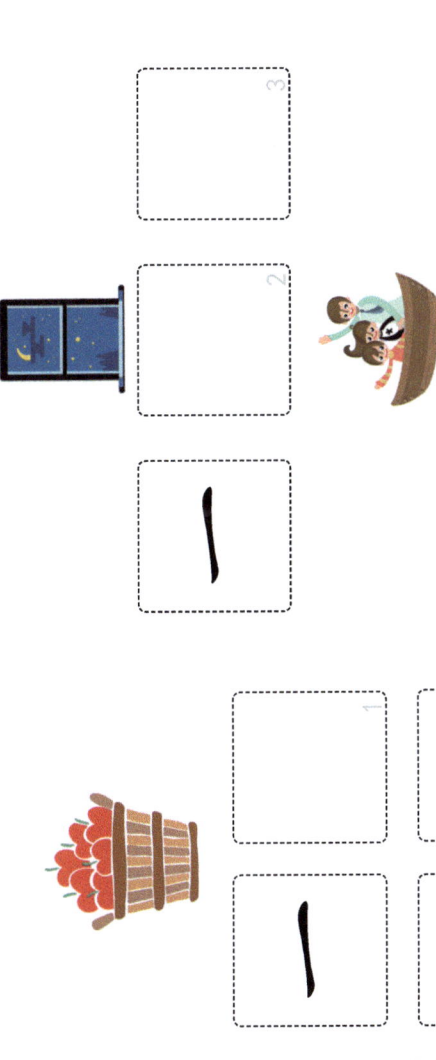

蕉 香

人

一

水 果

答案： 1: ● 4-6 2: ● 6-6 3: ● 1-13 4: ● 1-12 5: ● 1-11

请从字盒里找出下列位置的汉字

4-5	4-12	6-4	7-13
棵	林	森	样

按下图，请将字块填入合适的方框中。

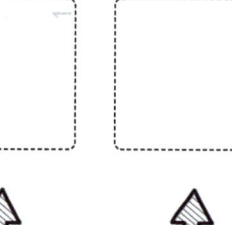

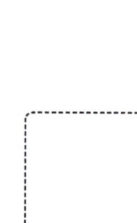

FEA Lernspiele UG

请从字盒里找出下列位置的汉字

 1-5 笨　　 2-6 肚　　 7-7 吓

按下图，请将字块填入合适的方框中。

 +  ⇧ □ 1

 +  ⇧ □ 2

 +  ⇧ □ 3

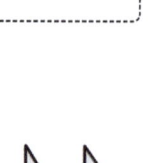

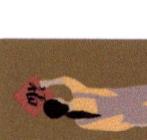

请从字盒里找出下列位置的汉字

2-4 ●	5-6 ●	6-13 ●	6-14 ●
等	摸	贴	停

按下图，请将字块填入合适的方框中。你能用这个字造句，描述一下图片吗？

FEA Lernspiele UG

请从字盒里找出下列位置的汉字

1-10	1-11	2-15	5-12
车	船	共	汽

按下图，请将字块填入合适的方框中。你还知道哪些交通工具呢？

车

公　汽　车

火

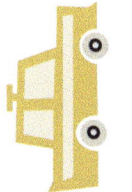

答案： 1: ● 1-10　2: ● 2-15　3: ● 1-11　4: ● 5-12

请从字盒盒里找出下列位置的汉字

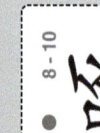 4-12 林　　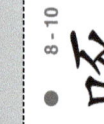 6-2 肉　　● 6-4 森林　　● 7-10 能熊　　● 8-10 啄

按下图，请将字块填入合适的方框中。你能用这些词语编个小故事吗？

 鸟　木

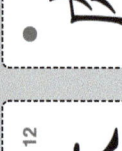

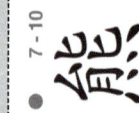

FEA Lernspiele UG

请从字盒里找出下列位置的汉字

● 2-6	● 3-2	● 3-4	● 4-6
肚	瓜	胡	篮

按下图，请将字块填入合适的方框中。你能用这些词语编个小故事吗？

南　子

子　竹

FEA Lernspiele UG

请从字盒里找出下列位置的汉字

● 1-13	● 2-3	● 6-6	● 8-8
窗	灯	扇	纸

按下图，请将字块填入合适的方框中。你能用这些词语编个小故事吗？

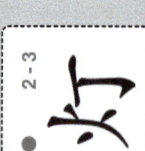

答案：1: ● 1-13 2: ● 2-3 3: ● 8-8 4: ● 6-6

请从字盒里找出下列位置的汉字

● 2-12	● 4-4	● 5-9	● 6-15	● 7-9	● 7-11
干	科	男	娃	象	牙

按下图，请将字块填入合适的方框中。你能用这些词语编个小故事吗？

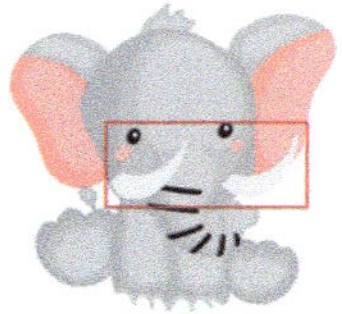

1 2

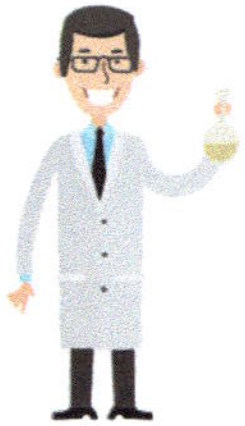

3 学 家

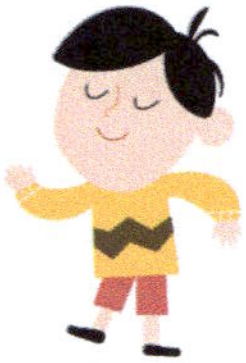

4 5

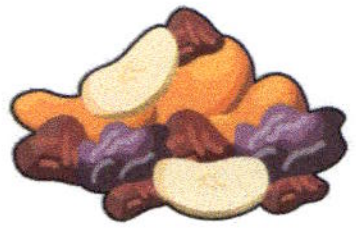

水 果 6

答案：1: ● 7-9 2: ● 7-11 3: ● 4-4 4: ● 5-9 5: ● 6-15 6: ● 2-12

请从字盒里找出下列位置的汉字

● 2-3	● 5-1	● 6-11	● 8-11
灯	毛	所	自

按下图，请将字块填入合适的方框中。你能用这些词语编个小故事吗？

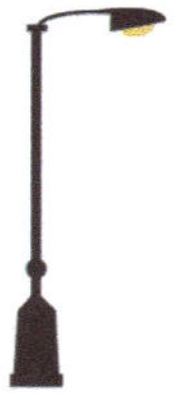
路 [1]

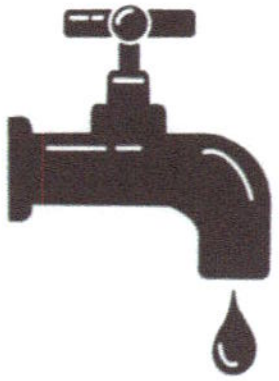
[2] 来 水

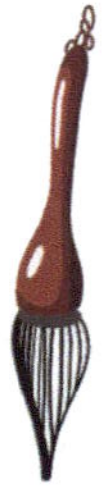
[3] 笔

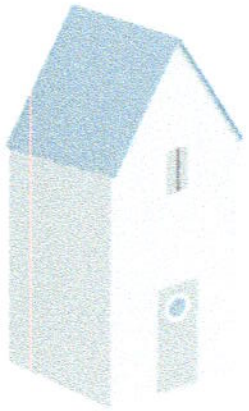
住 [4]

答案：1：● 2-3 2：● 8-11 3：● 5-1 4：● 6-11

请从字盒里找出下列位置的汉字

● 5-7	● 6-8	● 8-7
拇	食	指

按下图，请将字块填入合适的方框中。你能说出其它手指的名字吗？

小 [1]

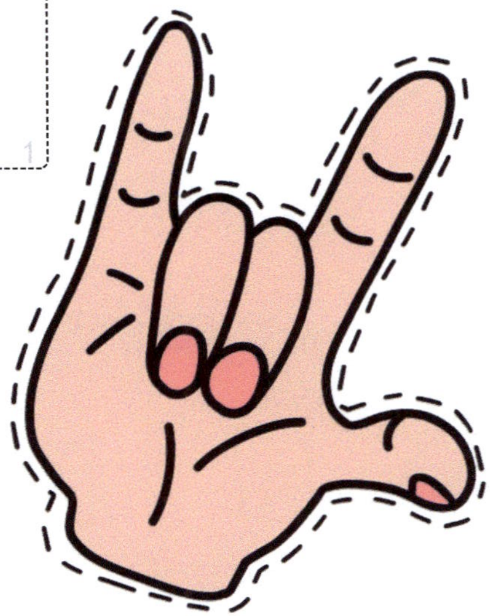

[2] 指

大 [3] 指

答案：1: ● 8-7 2: ● 6-8 3: ● 5-7

FEA Lernspiele UG

请从字盒里找出下列位置的汉字

瓜 ● 3-2	胡 ● 3-4	圈 ● 6-1	网 ● 7-2

按下图，请将字块填入合适的方框中。想一想，哪一个词语与其它三个不同？为什么？

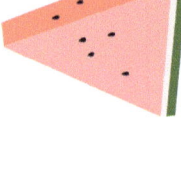

西　卜　萝　2

球　甜　甜　3　4　1

请从字盒里找出下列位置的汉字

 1-4 被　　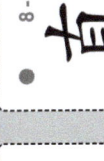 6-5 闪　　 8-4 圆　　 8-6 直

按下图，请将字块填入合适的方框中。想一想，哪一个词语与其它三个不同？为什么？

 电

 子

 尺

 盒

FEA Lernspiele UG

请从字盒里找出下列位置的汉字

4-6	6-7	6-15	7-9	7-10
● 篮	● 狮	● 娃	● 象	● 熊

按下图，请将字块填入合适的方框中。想一想，哪一个短语与其它三个不同？为什么？

			4
	打		
	球		

海		顶	球	娃
	猫	吃	竹	
中	国		棋	球

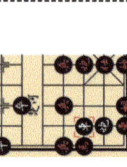

FEA Lernspiele UG

请从字盒里找出下列位置的汉字

● 1-14	● 3-3	● 8-2	● 8-7
错	光	阴	指

按下图，请将字块填入合适的方框中。这四个字能组成哪两个词语呢？

答案： 1：● 1-5　2：● 5-13　3：● 6-3　4：● 5-5　5：● 3-9

FEA Lernspiele UG

请从字盒里找出下列位置的汉字

● 1-5	● 3-9	● 5-5	● 5-13	● 6-3
笔	加	命	辛	如

按下图，请将字块填入合适的方框中，组成正确的成语。这些成语都是什么意思呢？

电	雷	飞	先	鸟	
文		足	手		长
	5	岁	百		

FEA Lernspiele UG

请从字盒里找出下列位置的汉字

3-3	3-6	4-13	5-1	7-4	8-7
光	虎	鹿	毛	为	指

按下图，请将字块填入合适的方框中，组成正确的成语。这些成语都是什么意思呢？小朋友，你还能说出哪些有动物的成语呢？

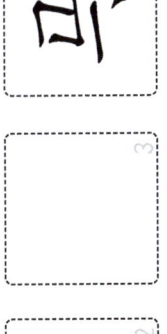

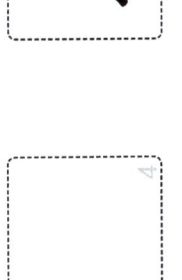

九 牛 一 马

羊 入 口 十

目 鼠

请从字盒里找出下列位置的汉字

2-2	2-8	3-6	3-13	5-11	6-8	7-2
当	饿	虎	近	破	食	网

按下图，请将字块填入合适的方框中，组成正确的成语。这些成语都是什么意思呢？

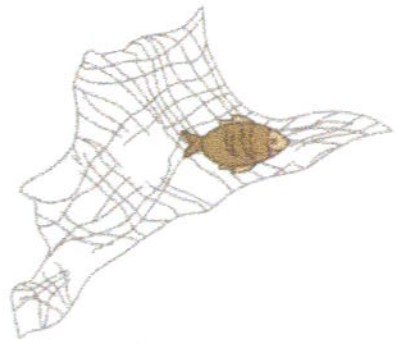

鱼	死	1	2

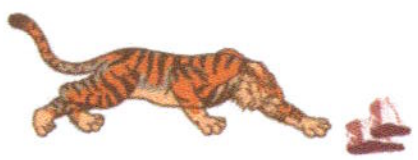

3	4	扑	5

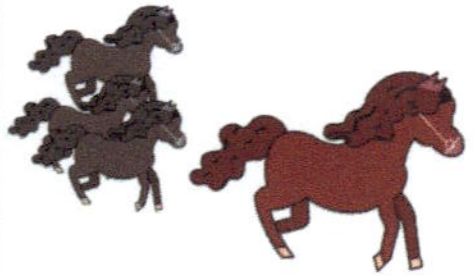

一	马	6	先

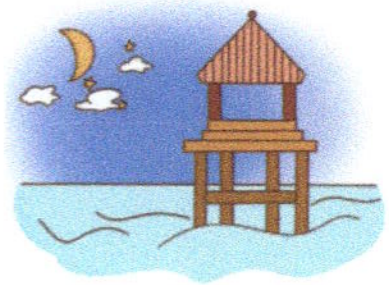

7	水
楼	台

FEA Lernspiele UG

请从字盒里找出下列位置的汉字

| 3-14 睛 | 4-3 颗 | 5-1 毛 | 7-12 眼 |

请将字块填入合适的方框中，猜一猜谜语。

上 下 都 有 一 边 ，

中 间 一 □ 圆 宝 石 。

谜底：

FEA Lernspiele UG

请从字盒里找出下列位置的汉字

8-5	8-12
● 张	● 嘴角

请将字块填入合适的方框中，猜一猜谜语。

一 ☐ 开，哈哈笑，
又会说，又会唱。

谜底：☐

请从字盒里找出下列位置的汉字

1-2 帮	2-7 朵	2-12 干	6-6 厨	7-9 象

请将字块填入合适的方框中，猜一猜是什么动物呢？

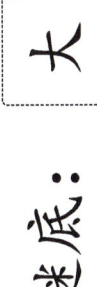

耳 □ 像 把 □，

身 子 像 小 山，

鼻 子 长 又 长，

□ 人 把 活 □。

谜底： □ 大 □

FEA Lernspiele UG

请从字盒里找出下列位置的汉字

4-2 觉	4-10 脸	6-3 如	6-9 事	8-10 啄

请将字块填入合适的方框中，猜一猜是什么动物呢？

像 猫 ， 身 像 鸟 ，
□[1]

晚 上 不 睡 □[3]

尖 尖 嘴 ， 不 □[2] 虫 ，

倒 是 抓 鼠 本 □[5] 高 。

谜底：

猫	头	鹰

请从字盒里找出下列位置的汉字

| 1-1 啊 | 1-10 车 | 1-11 船 | 4-12 林 | 5-12 汽 | 7-5 鸣 |

请将字块填入合适的方框中，猜一猜是什么呢？

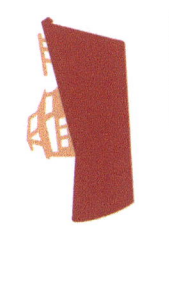

不 上 天 ，
不 下 海 □ ，
不 是 □ ，
不 是 □ □ 。

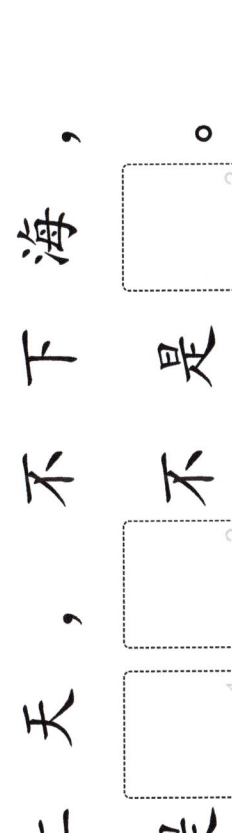

开 过 □ ，
爬 过 山 ，
呜 啊 □ ，
跑 得 快 □ 。

谜底： □ 火 车

请从字盒里找出下列位置的汉字

● 1-13	● 2-15	● 8-12
窗	共	嘀

请将字块填入合适的方框中，猜一猜是什么呢？

一 根 竹 子 二 尺 长 ，

一 □ 开 了 七 个 □ ，

娃 娃 对 着 小 窗 口 ，

用 □ 吹 风 把 歌 唱 。

谜底： 笛 子

FEA Lernspiele UG

请从字盒里找出下列位置的汉字

1-12	2-6	3-2	4-3	4-6
串	肚	瓜	颗	笼

请将字块填入合适的方框中，猜一猜是什么呢？

一 [ ]1 南 瓜 两 头 儿 圆 ，

[ ]2 里 开 花 放 光 明 ，

有 [ ]3 没 叶 儿 像 竹 [ ]4 ，

成 一 片 红 艳 艳 [ ]5 。

谜底：[ ] 灯 [ ] 笼

请从字字盒里找出下列位置的汉字

1-9 朝	1-13 窗	3-13 近	6-6 厨	7-1 外	7-12 眼	7-13 样

请将字块填入合适的方框中，猜一猜是什么呢？

四角方方像间房，
一 □1 □2 □3 □4 亮，
唱歌跳舞变花 □5 ，
全都在我 □7 前 □6 。

谜底： 电 视 机

FEA Lernspiele UG

请从字盒里找出下列位置的汉字

● 2-7	● 3-14	● 5-13	● 7-8	● 7-12	● 8-12
朵	睛	辛	香	眼	嘴

请将字块填入合适的方框中，完成儿歌。

《五官歌》

两 个 □[1] 看 四 方 ，

两 个 □[2] 耳 听 声 响 ，

一 个 □[3] 鼻 子 闻 花 □[6] ，

一 张 □[5] 巴 □[4] 爸 妈 。

FEA Lernspiele UG

请从字盒里找出下列位置的汉字

1-12	2-3	3-3	3-14	4-3	6-5	6-10	6-15	7-2	7-12
串	灯	光	睛	颗	闪	数	娃	网	眼

请将字块填入合适的方框中，完成儿歌。

《星空》

千 [1] [2] 星星，点点 [3] 星 [4]，

一 [5] 娃娃 [6]，一闪 [7] 一闪 [8]，

像 [9] 数 [10] 不清，

放 成 明。

答案：
1: 4-3
2: 6-5
3: 7-12
4: 3-14
5: 6-15
6: 6-10
7: 1-12
8: 2-3
9: 7-2
10: 3-3

FEA Lernspiele UG

答案：1: 1-3 2: 5-1 3: 2-7 4: 6-15 5: 8-5 6: 7-10 7: 4-2

请从字盒里找出下列位置的汉字

1-3	2-7	4-2	5-1	6-15	7-10	8-5
北	朵	觉	毛	娃	熊	张

请将字块填入合适的方框中，完成儿歌。

冬天到，□[1]风□[2]飘。

片片雪花像鹅□[3]，

□朵梅花开得好，

雪人娃□[4]口笑，

青蛙黑□[6]睡大□[7]。

FEA Lernspiele UG

请从字盒里找出下列位置的汉字

● 1-12 串	● 3-12 金	● 5-8 难	● 5-10 漂	● 6-12 题	● 8-4 圆	● 8-5 张	● 8-12 嘴

请将字块填入合适的方框中，完成儿歌。

《小金鱼》

小 [1] [2] 鱼，

[3] 巴穿花衣，

[6] 泡泡出 [4] [5] ，

[7] 一串藏哪里？

[8] 水里。

请从字盒里找出下列位置的汉字

- 1-9 朝
- 3-4 胡
- 6-5 闪

请将字块填入合适的方框中，猜一猜是什么字呢？

1	2	3

一 人 在 门 里

十 月 十 日

古 时 候 的 月 亮

请从字盒里找出下列位置的汉字

2-4	4-2	5-4
● 等	● 觉	● 名

请将字块填入合适的方框中，猜一猜是什么字呢？

一口咬掉多一半

学子离去，又见回来

土上有竹林，土下一寸金

1. ☐
2. ☐
3. ☐

FEA Lernspiele UG

请从字盒里找出下列位置的汉字

● 1-3	● 2-5	● 5-11	● 7-14
北	定	破	咬

请将字块填入合适的方框中，读一读古诗。

《竹石》（明·郑燮）

□ 咬定青山不放松，

立根原在□岩中。

千磨万击还坚劲，

任尔东西南□风。

请从字盒里找出下列位置的汉字

● 3-5	● 3-13	● 4-7	● 6-9
湖	近	离	事

请将字块填入合适的方框中，读一读古诗。

《回乡偶书》（唐·贺知章）

[1] 别 家 乡 岁 月 多，

[2] 来 人 [3] 半 消 磨。

惟 有 门 前 镜 [4] 水，

春 风 不 改 旧 时 波。

请从字盒里找出下列位置的汉字

2-1	2-15	4-7	5-8	6-9	8-2	8-4
但	共	离	难	事	阴	圆

请将字块填入合适的方框中，完成正确的名句。

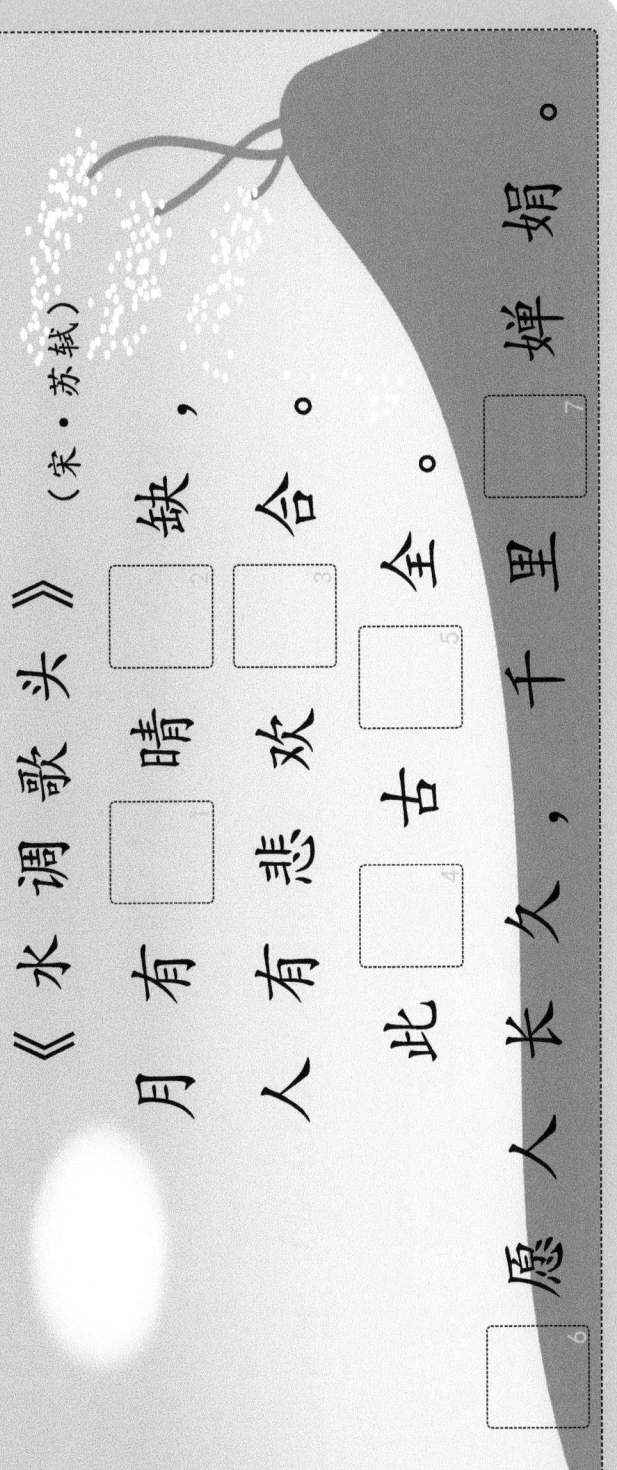

《水调歌头》(宋·苏轼)

月有□晴□缺，

人有悲欢□合。

此□古□全。

愿人长久，千里□婵娟。

请从字盒里找出下列位置的汉字

3-10	7-6	7-13
接	无	样

请将字块填入合适的方框中，完成正确的名句。你知道它们描写的是哪种花吗？

《晓出净慈寺送林子方》

（宋·杨万里）

□天莲叶□穷碧，
映日荷花别□红。

FEA Lernspiele UG

请从字盒里找出下列位置的汉字

答案：1: ● 7-8　2: ● 5-14

5-14	7-8
清洞	香

请将字块填入合适的方框中，完成正确的名句。你知道它们描写的是哪种花吗？

《夏日南亭怀辛大》

（唐·孟浩然）

荷 风 送 [1] 气 ，

竹 露 滴 [2] 响 。

FEA Lernspiele UG

请从字盒里找出下列位置的汉字

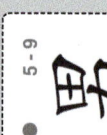 ● 2-3 灯
 ● 2-14 更
 ● 5-9 男 劳

请将字块填入合适的方框中，完成正确的名句。你从中学到了什么道理？

《 劝 学 》

（唐·颜真卿）

三 更 □ 火 五 □ 鸡 ，

正 是 □ 儿 读 书 时 。

FEA Lernspiele UG

请从字盒里找出下列位置的汉字

● 光

● 难

请将字块填入合适的方框中，完成正确的名句。你从中学到了什么道理？

《 惜 阴 》

（宋・朱熹）

少 年 易 学 老 □ 成 ，
一 寸 阴 不 可 轻 。

FEA Lernspiele UG

请从字盒里找出下列位置的汉字

| 3-12 金 | 4-2 觉 | 8-2 阴 |

请将字块填入合适的方框中，完成正确的名句。你从中学到了什么道理？

《白鹿洞二首》

（唐·王贞白）

读书不 □1 □2 春深，

一寸光 □3 。

请从字盒里找出下列位置的汉字

● 5-10 漂	● 6-10 数

请将字块填入合适的方框中，组成正确的词语。你能读对这些词语吗？

1 白	2 亮	3 着
4 学	5 落	6 字

答案：1：● 5-10 2：● 5-10 3：● 5-10 4：● 6-10 5：● 6-10 6：● 6-10

FEALernspieleUG

请从字盒里找出下列位置的汉字

 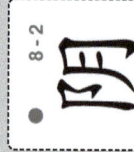   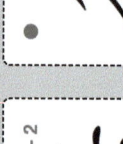  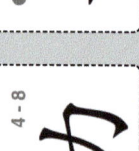  

请将字块填入合适的风车中，使每个风叶都能和中心的字组成词语（答案1，2，3，4为一组，5，6，7，8为一组，没有顺序要求）。

FEALernspieleUG

请从字盒里找出下列位置的汉字

| 3-10 接 | 3-12 金 | 4-6 篮 | 5-15 求 | 7-2 网 | 7-7 厅 | 8-4 圆 | 8-9 撞 |

请将字块放入合适的宝箱中，使宝箱中的每个字都能和钥匙组成词语（答案1,2,3,4为一组，5,6,7,8为一组，没有顺序要求）。

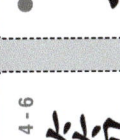

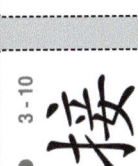

请从字盒里找出下列位置的汉字

| 1-8 采 | 1-9 朝 | 3-9 加 | 6-13 贴 | 6-14 停 | 7-3 往 | 7-14 咬 | 7-15 以 | 8-9 撞 |
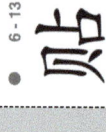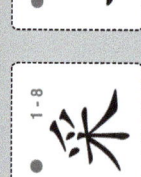

请将字块放入合适的气球中，使每个气球都能和右块组成正确的词语（答案1，2，3为一组，4，5，6为一组，7，8，9为一组，没有顺序要求）。

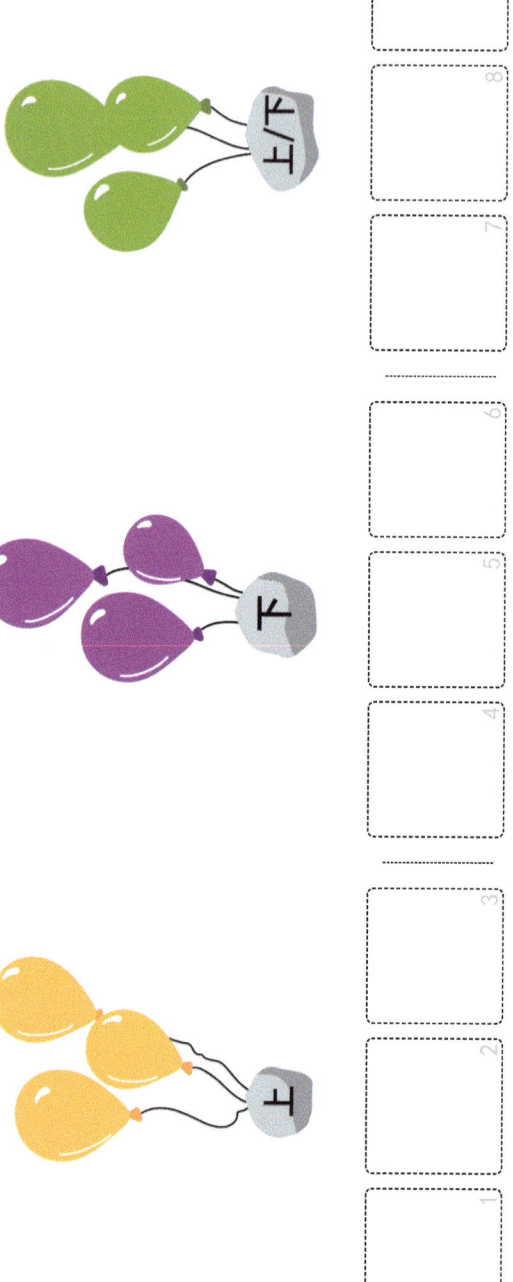

答案： 1:● 8-9 2:● 6-13 3:● 3-9 4:● 1-8 5:● 7-14 6:● 6-14 7:● 1-9 8:● 7-3 9:● 7-15

请从字盒里找出下列位置的汉字

- 2-13 刚
- 2-14 更
- 4-11 练
- 8-7 指

请将字块放入合适的方框中，使皇冠中的字能和皇冠上每个圆宝石组成词语（答案1，2，3为一组，没有顺序要求）。

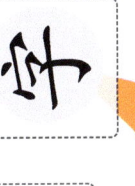

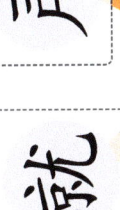

字　声　就

正

FEALernspieleUG

请从字盒里找出下列位置的汉字

● 1-4	● 2-12	● 4-6	● 4-10	● 4-12	● 8-2
被	干	篮	脸	林	阴

请将字块放入合适的方框中，分别与花和树组成词语（答案 1，2，3 为一组，4，5，6 为一组，没有顺序要求）。

请从字盒里找出下列位置的汉字

● 5-15 求　　● 6-11 所　　● 7-6 无

请将字块放入合适的方框中，使每个杯子和茶壶都能组成正确的成语。你知道这些成语的意思吗？

FEA Lernspiele UG

请从字盒里找出下列位置的汉字

● 1-6	● 2-14	● 4-14	● 4-15	● 8-9
比	更	满	慢	直

请将字块放入合适的方框中，使每根连线都有意义。

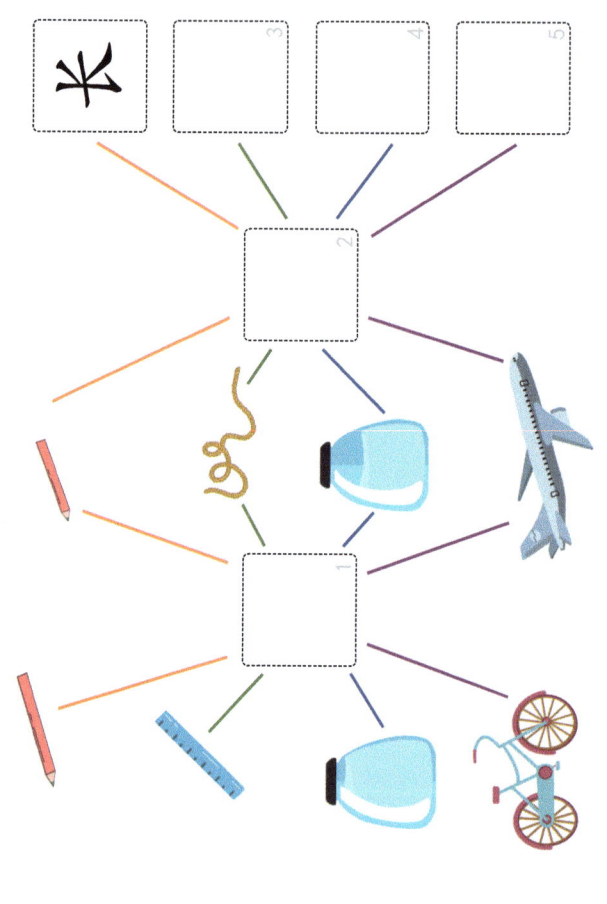

FEA Lernspiele UG

请从字盒里找出下列位置的汉字

1-8	5-1	6-7	7-2
柴	毛	狮	网

请将字块填入方框内，组成正确的词语。你知道这些词语的意思吗？

石

石

蛛

蜘

鸭

FEA Lernspiele UG

请从字盒里找出下列位置的汉字

| 1-5 笨 | 2-10 分 | 3-2 瓜 | 3-3 光 | 4-7 离 | 6-1 圈 | 6-8 食 | 8-10 啄 |

请将字块放入合适的方框中，使胡子小人的眼镜组成正确的词语。

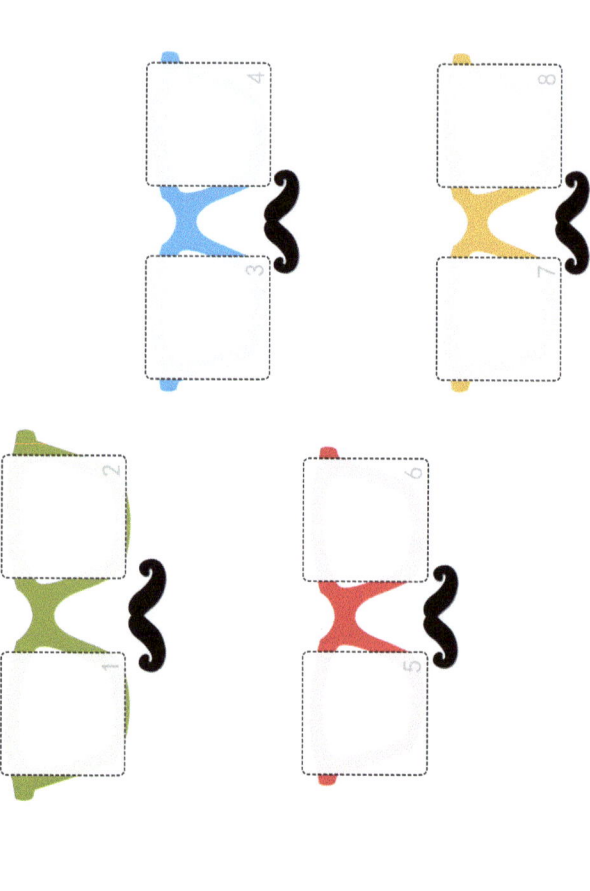

答案: 1: ● 8-10 2: ● 6-8 3: ● 1-5 4: ● 3-2 5: ● 2-10 6: ● 4-7 7: ● 3-3 8: ● 6-1

FEA Lernspiele UG

请从字盒里找出下列位置的汉字

● 1-10	● 2-12	● 3-9	● 4-10	● 4-11	● 6-14	● 7-1	● 8-12
车	干	加	脸	练	停	外	嘴

请将字块放入合适的方框中，使每双鞋组成正确的词语。

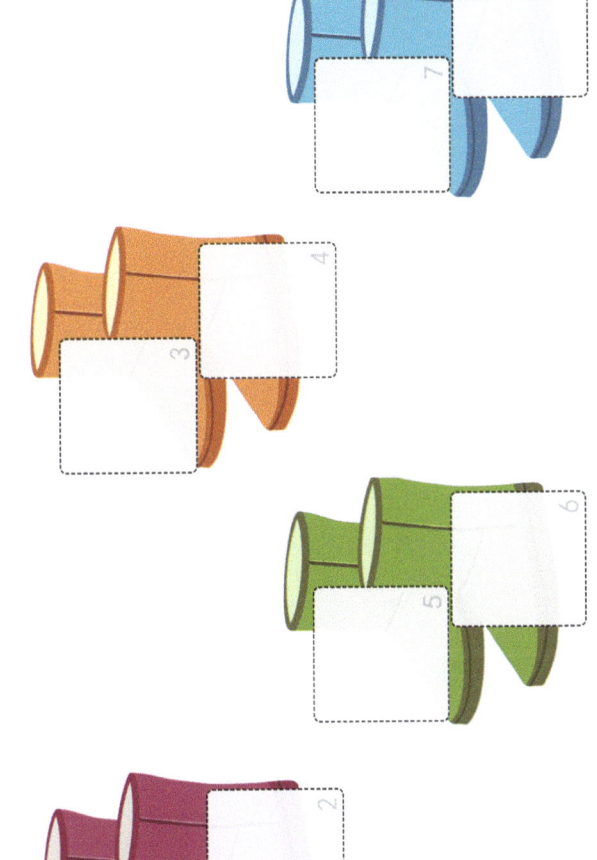

请从字盒里找出下列位置的汉字

1-14	3-6	4-1	4-2	5-4	5-5	6-13	8-8
错	虎	颈	宽	名	命	贴	纸

请将字块放入合适的方框中，使每对拼图组成正确的词语。

请从字盒里找出下列位置的汉字

1-11	2-13	3-10	3-12	5-12	6-4	8-2	8-6
● 船	● 刚	● 接	● 金	● 汽	● 森	● 阴	● 直

请将字块放入合适的方框中，使每副手套都能组成词语。

请从字盒里找出下列位置的汉字

1-6	2-14	3-7	3-9	5-11	6-3	7-14	8-11
比	更	已	加	破	如	咬	自

请将字块放入合适的方框中，使同色衣服小朋友手中的牌子能组成词语。

FEA Lernspiele UG

请从字盒里找出下列位置的汉字

| 3-4 胡 | 3-5 湖 | 3-7 已 | 3-8 记 | 3-9 加 | 4-8 力 |

请将字块填入合适的方框中，玩拆字游戏。

 +  ⬆ □

请从字盒里找出下列位置的汉字

 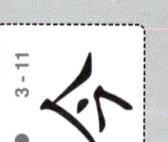 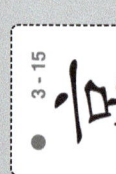  

1-5	1-11	3-1	3-11	3-15	4-1	4-11	5-9
● 笨	● 船	● 够	● 今	● 京	● 颈	● 练	● 男

看一看小朋友的动作方向，请将字块填入对应的方框内（答案1，2，3，4为一组，5，6，7，8为一组，没有顺序要求）。

 左右

 上下

答案：1: ● 1-11　2: ● 3-1　3: ●　4: ● 4-1　4: ●　4-11　5: ●　1-5　6: ● 3-15　7: ● 5-9　8: ● 3-11

请从字盒里找出下列位置的汉字

● 2-1	● 4-9	● 5-3	● 5-10	● 8-3
但	丽	美	漂	应

请将字块填入合适的方框中，使每一行的两个词意思相近。你还知道哪些意思相近的字词？

1	亮	2	3
可	是	4	是
对	付	5	付

答案：1：● 5-10 2：● 5-3 3：● 4-9 4：● 2-1 5：● 8-3

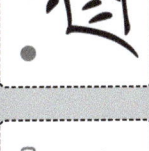

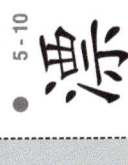

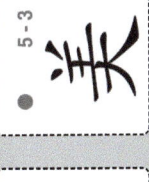

请从字盒里找出下列位置的汉字

1 - 3	2 - 10	3 - 11	4 - 15	7 - 1
北	分	今	慢	外

请将字块填入合适的方框中。你还知道哪些意思相反的字词？

大	小	里	1
2	快	南	3
4	合	古	5

答案：1：● 7-1 2：● 4-15 3：● 1-3 4：● 2-10 5：● 3-11

请从字盒里找出下列位置的汉字

1-7	5-11	5-13	6-9	6-10
● 才	● 破	● 亲	● 事	● 数

请将字块放入合适的方框中，完成雪地脚印词语接龙。

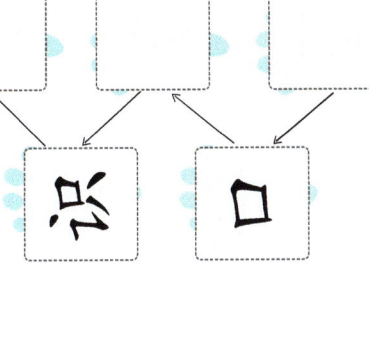

请从字盒里找出下列位置的汉字

北 1-3

朝 1-9

撞 8-9

请将字块填入合适的方框中，完成小火车词语接龙。

答案：1: ● 8-9 2: ● 1-9 3: ● 1-3

FEA Lernspiele UG

请从字盒里找出下列位置的汉字

● 1-9	● 3-5	● 3-6	● 5-13	● 7-6	● 8-12
朝	湖	虎	幸	无	嘴

请将字块填入合适的方框中。你知道哪些有数字 9 的成语？

用　

海　

与　

心　

日

成

不认

有

人

不

FEA Lernspiele UG

请从字盒里找出下列位置的汉字

| ● 4-9 丽 | ● 5-3 美 | ● 5-4 名 | ● 6-14 停 | ● 7-6 无 | ● 8-7 指 |

请将字块填入合适的方框中，完成句子。

答案：1：● 7-6 2：● 5-4 3：● 8-7 4：● 6-14 5：● 5-3 6：● 4-9

请从字盒里找出下列位置的汉字

2-10	3-2	6-6	6-15
分	瓜	扇	娃

请将字块填入合适的方框中，完成句子。

两　个　娃　吹

看　风　　　，

吃　一　个　大

　　　。　西

FEA Lernspiele UG

请从字盒里找出下列位置的汉字

1-14	2-10	4-14	5-7	6-12	8-7
● 错	● 分	● 满	● 拇	● 题	● 指

请将字块填入合适的方框中，完成句子。

牛 小 弟 伸 出 大
说 ： " 这 个 问 没
说 得 一 点 儿 "
！ ！ ！

请从字盒里找出下列位置的汉字

2-4	1-15	1-1	2-6	2-8	3-3	4-5	4-14	6-8	7-5	7-8
●等	●带	●啊	●肚	●饿	●光	●棵	●满	●食	●呢	●香

请将字块填入合适的方框中，完成句子。

小明 □(1) 着 □(2)满 □(3) 物回家，有一 □(4) □(5) 蕉，还有牛奶 □(6) 的 □(7) 等。

他说："我 □(8) 子大 □(9) 了，这些我要 □(10) 一口 □(11) 都吃 ！"

请从字盒里找出下列位置的汉字

● 5-4	● 6-1	● 7-4	● 8-1	● 8-4
名	圈	为	因	圆

请将字块填入合适的方框中，完成短文。（一）

我们住在 [1] 的地球上，在大气层 [3] 的 [4] ，它也是 [2] 的。地球的头顶上有一个大大的 [5] ，我们叫它"大气层"，它也叫"大气"。

FEALernspieleUG

请从字盒里找出下列位置的汉字

| 7-1 外 | 1-4 被 | 2-1 但 | 2-15 共 | 4-4 科 | 5-6 摸 | 5-14 清 | 6-10 数 | 7-3 往 | 7-6 无 | 7-13 样 |

请将字块填入合适的方框中，完成短文。（二）

它 像 一 □[1] 子 ，

可 是 □[3] □[2] 包

是 气 的 往 着 不 住

星 星 ， 做 因 为 □[5] 再 □[6] 是

都 数 不 的 。 □[9] 有 □[8] 还 的

□[11] ！ 一 □[7] 高 我 们 ，

少 ？ □[10] 学 家

FEALernspieleUG

请从字盒里找出下列位置的汉字

2-6	7-10	5-6	1-7	3-2	7-4	3-11	2-8	7-1	8-1	8-4	8-13
肚	能	摸	才	瓜	为	今	饿	牙	囚	圆	昨

请将字块填入合适的方框中，完成短文。（一）

小熊□，好多□□花生和食物□□□，天痛，子，原来它吃□吃□子物食是都里缝牙着得肚子去睡觉。

（竖排短文，配有小熊插图；方框编号 1–12，□4、□10 位于上方）

FEA Lernspiele UG

请从字盒里找出下列位置的汉字

● 2-11	● 4-2	● 7-5	● 8-5
读	觉	鸣	张

请将字块填入合适的方框中，完成短文。（二）

一只小熊睡醒来，痛得 □2 不了口，你知道小熊为什么会这样呢？它本 □1 能发出" □3 "的声音。它本 □4 做什么呢？

FEALernspieleUG

请从字盒里找出下列位置的汉字

● 1-2	● 1-5	● 1-12	● 2-11	● 4-7	● 4-13	● 5-15	● 7-9	● 8-3
帮	答	串	该	离	鹿	求	象	应

请将字块填入合适的方框中，完成短文。

小鹿去小 [1] 家，开门时找不到 [2] 。小兔想它 [5] 了。

"小兔，快给我指一条回家的路！"小鹿大声说。

小兔生气地说："我 [4] [8] 告诉你？"

"小朋友，你为什么不 [6] 呢？"

小鹿怎么 [3] ？

小 [7] ？小鹿 [9] …

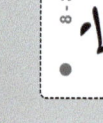

FEALernspieleUG

请从字盒里找出下列位置的汉字

● 8-11 自	● 2-4 等	● 2-3 灯	● 2-9 而	● 2-11 该	● 4-2 宽	● 4-15 慢	● 5-14 清	● 6-5 闪	● 6-14 停	● 8-3 应

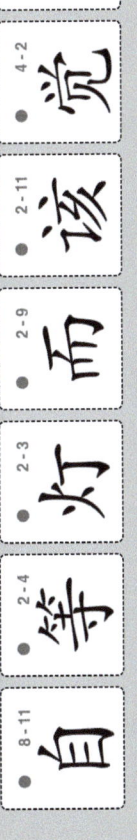

请将字块填入合适的方框中，完成短文。

小朋友们，过马路时
红绿□。□红灯不能走，一□
能过，怎么办？看见一黄
又□，该□下慢

要 灯 才 灯
定 绿 黄
一 的
停 闪 要
灯

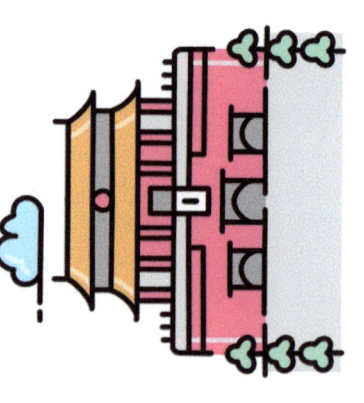

FEALernspieleUG

请从字盒里找出下列位置的汉字

| 北 (1-3) | 光 (3-3) | 湖 (3-5) | 京 (3-15) | 丽 (4-9) | 美 (5-3) | 名 (5-4) | 食 (6-8) | 香 (7-8) |

请将字块填入合适的方框中，完成短文。（一）

中国的首都叫 ☐1 ☐2 ，有 ☐3 ☐4 ，还有很多美丽的地方，色和 ☐5 山，美 ☐7 。又有有名的 ☐8 地方，还有 ☐6 色和山，比 ☐9 如山，比。

请从字盒里找出下列位置的汉字

FEA Lernspiele UG

5-7	2-9	2-5	2-2	2-14	3-1	4-7	5-2	6-11	7-4	7-15	8-1	8-6
拇	而	定	当	更	够	离	每	所	为	以	因	直

请将字块填入合适的方框中，完成短文。(二)

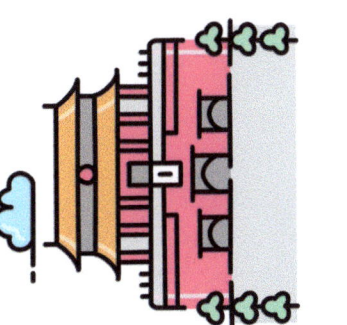

长城是□□有游人都要去的地方，天天有□数人爬长城。好汉无□□时，大家伸出大□指说："□□后再来，□没玩儿□！"

请从字盒里找出下列位置的汉字

1-9	2-13	3-12	3-13	3-15	4-7	8-13
朝	刚	金	近	京	离	昨

请将字块填入合适的方框中，完成短文。（一）

小明 ⬜1 天从中国的南京回来。南京 ⬜3 在长江的下游，也 ⬜5 ，叫"⬜4 陵"，是有名的六 ⬜2 古都。海很 ⬜6 ，是有 ⬜7 名的

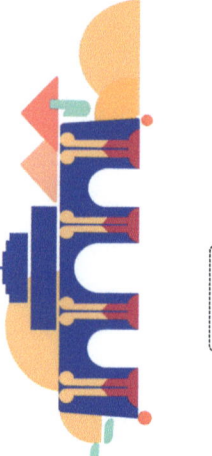

FEA Lernspiele UG

请从字盒里找出下列位置的汉字

2-10	2-15	1-15	1-4	3-2	3-3	4-2	4-3	5-3	7-4	8-1
分	共	带	被	瓜	光	觉	颗	美	为	因

请将字块填入合适的方框中，完成短文。(二)

他 [1] [2] 了 十 [3] 雨

花 石 回 来 ， [5] [6] 马 上

就 [4] " [8] [9] 大 家 都

了 ， 得 很 [11] 。

[10]

FEA Lernspiele UG

请从字盒里找出下列位置的汉字

1-10	1-14	2-2	5-12	6-6
车	错	当	汽	屙

请将字块填入合适的方框中，使它们组成正反都有意义的词语。你知道这些词的意思吗？

FEA Lernspiele UG

请从字盒里找出下列位置的汉字

3 - 13	4 - 4	4 - 8	5 - 8	5 - 13	7 - 2	7 - 4
近	科	力	难	亲	网	为

请将字块填入合适的方框中，使它们组成正反都有意义的词语。你知道这些词的意思吗？

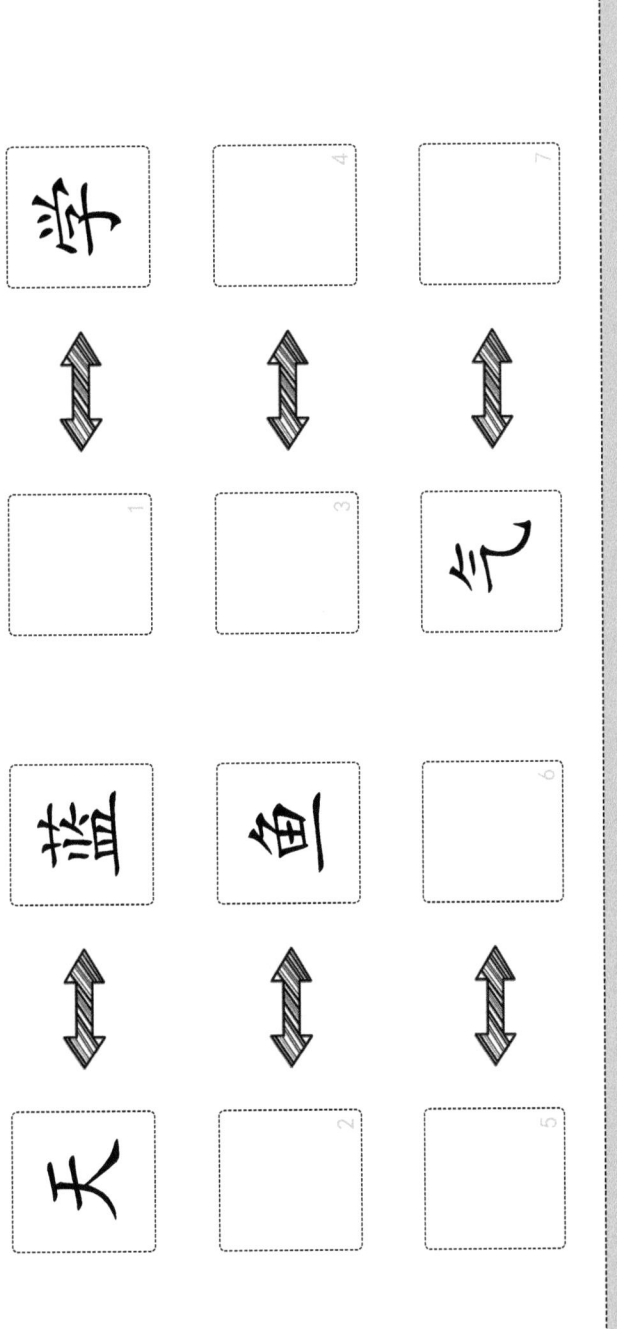

FEA Lernspiele UG

请从字盒里找出下列位置的汉字

● 1-8	● 2-2	● 3-12	● 6-1	● 6-10
采	当	金	圈	数

请将字块填入合适的方框中，使它们组成正反都有意义的词语。你知道这些词的意思吗？

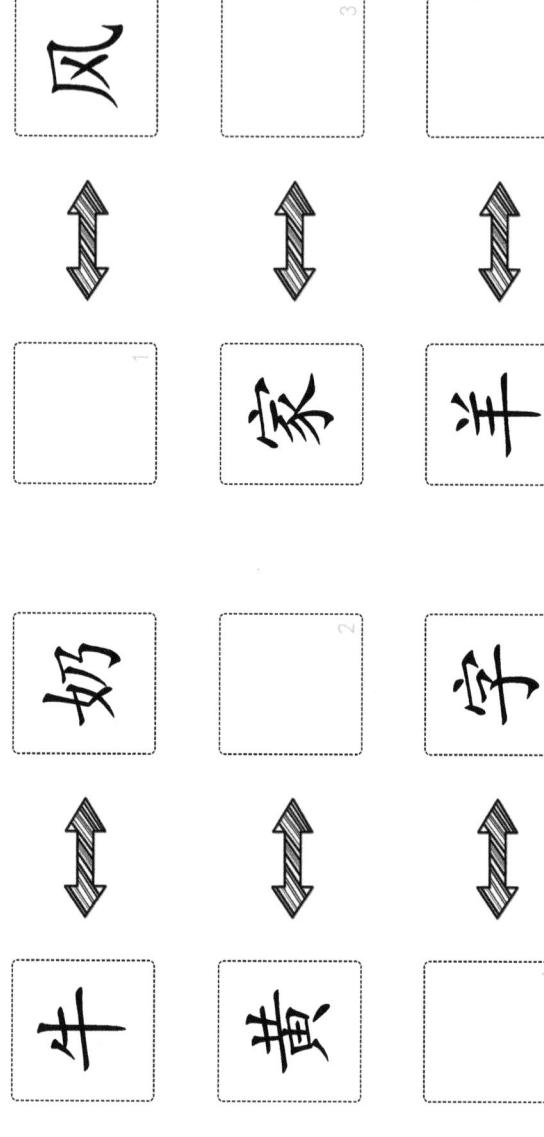